Kennt mich Gott?

Kenne ich Gott?

von
Sebastian Dzierzon

Bibliografische Information der Deutschen Nationalbibliothek: Die Deutsche Nationalbibliothek verzeichnet diese Publikation in der Deutschen Nationalbibliografie; detaillierte bibliografische Daten sind im Internet über www.dnb.de abrufbar.

© 2015 Sebastian Dzierzon
Herstellung und Verlag: BoD – Books on Demand, Norderstedt

ISBN: 978-3-7386-5727-2

Einleitung

Wenn man die Nachrichten anschaltet und von Kriegen, Terroranschläge, Gewalt, Entführungen, Unfälle und Naturkatastrophen hört, dann stellt sich oft die Frage, ob es Gott tatsächlich gibt. Vielleicht durchleben Sie gerade schwierige Zeiten. Oft kommt Ihnen vielleicht die Frage in den Sinn: „Wenn es einen Gott gibt, kennt er mich?"

Das Evangelium Jesu Christi bietet die Antwort zu den Fragen, die einen jeden im täglichen Leben beschäftigen. Das Wort ‚Evangelium' kommt aus dem griechischen und kann auch mit ‚Frohe Botschaft' übersetzt werden.

Die frohe Nachricht ist, dass es einen Gott gibt und er mich kennt. Wir sind kein Zufallsprodukt. Gott hat einen Plan für Sie und für mich.

Die Frage ist nicht, ob Gott mich kennt.

Die Frage, die ich Ihnen heute stellen möchte, ist: „Kennen Sie Gott?"

Mit diesem Buch möchte ich Ihnen helfen, Gott für sich selbst zu entdecken und ihn besser kennen zu lernen.

Für persönliche Notizen und zum Aufschreiben Ihrer Gedanken hat dieses Buch extra breite Seitenränder. Sie können ruhigen Gewissens Gebrauch davon machen.

Das Buch besteht aus 4 Kapiteln, nämlich
- Die Gottheit
- Gott kennenlernen
- Das Gebet
- Was Gott von mir erwartet

Das zweite Kapitel besteht aus einer Ansprache, die ich einmal gehalten habe. Diese schneidet auch Themen aus den anderen Kapiteln mit an. Da diese Ansprache sehr informativ ist und einen guten Rahmen bildet, wollte ich Ihnen diese nicht vorenthalten.

Ich möchte Ihnen sagen, dass ich weiß, dass Gott lebt und er uns persönlich kennt.

Als Autor dieses Buches gebe ich hier meine eigene Meinung und Auffassung wieder.

Lesen Sie weiter und lernen Sie Gott, Ihren Himmlischen Vater, besser kennen.

Die Gottheit

Dieses Kapitel ist ein kurzes Kapitel und soll die Grundlage schaffen, worauf sich alles Weitere in diesem Buch aufbaut.

Im ersten Glaubensartikel heißt es:

„Wir glauben an Gott, den Ewigen Vater, und an seinen Sohn, Jesus Christus, und an den Heiligen Geist."
(Die Köstliche Perle; Die Glaubensartikel 1:1)

Ich glaube daran, dass Gottvater sowie Jesus Christus und der Heilige Geist drei getrennte Wesen sind und gemeinsam die Gottheit bilden.
Jeder von ihnen hat andere Aufgaben, jedoch arbeiten alle Drei am selben Ziel, nämlich „die Unsterblichkeit und das ewige Leben" von uns Menschen „zustande zu bringen". (Die Köstliche Perle; Mose 1:39)

Die Taufe von Jesus Christus ist ein gutes Beispiel aus den Heiligen Schriften, das zeigt, dass die Gottheit aus drei Personen besteht.

„Zu der Zeit kam Jesus aus Galiläa an den Jordan zu Johannes, dass er sich von ihm taufen ließe.
Aber Johannes wehrte ihm und sprach: Ich bedarf dessen, dass ich von dir getauft werde, und du kommst zu mir?
Jesus aber antwortete und sprach zu ihm: Lass es jetzt geschehen! Denn so gebührt es uns, alle Gerechtigkeit zu erfüllen. Da ließ er's geschehen.
Und als Jesus getauft war, stieg er alsbald herauf aus dem Wasser. Und siehe, da tat sich ihm der Himmel auf, und er sah den Geist Gottes wie eine Taube herabfahren und über sich kommen.
Und siehe, eine Stimme vom Himmel herab sprach: Dies ist mein lieber Sohn, an dem ich Wohlgefallen habe."
(Luther Bibel 1984, Matthäus 3:13-17)

Hier haben wir Jesus Christus, der in Person anwesend war und getauft wurde. Gottvater sprach aus dem Himmel und gab Zeugnis von seinem Sohn. Der Heilige Geist kam in Form einer Taube aus dem Himmel herab.
Alle Mitglieder der Gottheit waren bei diesem Ereignis anwesend.

„Der Vater hat einen Körper aus Fleisch und Gebein, so fühlbar wie der eines Menschen, ebenso der Sohn; aber der Heilige Geist hat keinen Körper aus Fleisch und Gebein, sondern ist eine Person aus Geist. Wäre es nicht so, könnte der Heilige Geist nicht in uns wohnen."
(Lehre und Bündnisse 130:22)

Wir sind alle als Abbild Gottes erschaffen.
„Gott schuf also den Menschen als sein Abbild; als Abbild Gottes schuf er ihn. Als Mann und Frau schuf er sie."
„Die Bibel, Einheitsübersetzung; Genesis 1:27)

Lassen Sie mich kurz auf die einzelnen Personen der Gottheit eingehen.

Gott

Gott ist unser Himmlischer Vater. Er ist der Schöpfer aller Dinge. Er ist der oberste Herrscher des Universums.
In den nachfolgenden Kapiteln lernen wir Gott etwas besser kennen.

Jesus Christus

Jesus Christus ist der Sohn Gottes. Er ist unser Erlöser und Erretter. Er ist unser Fürsprecher beim Vater.
Im Alten Testament ist er als Jehova oder Jahwe bekannt. Er ist somit auch der Gott des Alten Testamentes. Er tritt in der Funktion des Mittlers zwischen Gott und uns Menschen auf, da der Mensch seit dem Fall Adams aus Gottes Gegenwart abgeschnitten ist.
Durch sein Leiden im Garten Getsemani und am Kreuz vollbrachte er das Sühnopfer, wodurch wir die Möglichkeit

haben in Gottes Gegenwart zurück zu kommen.

Heiliger Geist

Der Heilige Geist ist, wie schon bereits erwähnt, eine Person aus Geist. Gott und Jesus Christus können als Person immer nur zu selben Zeit an einen Ort sein. Der Heilige Geist dagegen kann, aufgrund seiner Beschaffenheit, an mehreren Orten gleichzeitig sein.
Seine Aufgabe ist es vor allem Zeugnis von der Wahrheit abzulegen.
Andere Aufgaben werden im Johannesevangelium beschrieben.

„Aber der Tröster, der Heilige Geist, den mein Vater senden wird in meinem Namen, der wird euch alles lehren und euch an alles erinnern, was ich euch gesagt habe."
(Luther Bibel 1984, Johannes 14:26)

Somit ist seine Aufgabe auch, uns ein Tröster, Lehrer und Erinnerer zu sein.

Mit diesem Grundwissen steigen wir in das spannende Thema „Kennt Gott mich? – Kenne ich Gott?" ein.

Gott kennenlernen
(Aus einer Ansprache von Sebastian Dzierzon; gegeben am 30.8.2015 in Plauen)

Während seines irdischen Wirkens lehrte Christus seinen Jüngern das Folgende:

„Das habe ich zu euch gesagt, damit ihr euch nicht ärgert.
Sie werden euch aus der Synagoge ausschließen. Es kommt sogar die Zeit, dass jeder der euch tötet, meint, er tue Gott einen Dienst damit.
Und das werden sie euch deshalb antun, weil sie weder meinen Vater noch mich erkannt haben."
(Johannes 16:1-3)

Später sagte Christus folgendes:
„Das ist aber das ewige Leben, dass sie dich, der du allein wahrer Gott bist, und den du gesandt hast, Jesus Christus, erkennen."
(Johannes 17:3)

In den Vorlesungen über Glauben, welche Joseph Smith in einer Klasse für die Ältesten in Kirtland, Ohio, im Winter 1834-35 gegeben hat, sagte er folgendes:

„Lasst uns hier beachten, dass drei Dinge notwendig sind, so dass jedes rationelle und intelligente Wesen Glaube an Gott ausüben kann, welches zu Leben und Errettung führt.
Erstens: Die Vorstellung, dass er tatsächlich existiert.
Zweitens: Eine korrekte Vorstellung über sein Charakter, Vollkommenheit und Eigenschaften.
Drittens: Ein tatsächliches Wissen, dass der Kurs des Lebens, welchen man anstrebt, im Einklang mit seinem Willen ist. Wenn man diese drei wichtigen Fakten nicht kennt, dann ist der Glaube eines jeden rationellen Wesens unvollständig und unproduktiv. Aber mit diesem Verständnis kann der Glaube vollständig und fruchtbar werden, in Rechtschaffenheit verbleibend, so dass

Gott der Vater und der Herr Jesus Christus gepriesen und verherrlicht werden."
(Lectures on Faith 3:2-5; First Published by the Church of Jesus Christ of Latter-day Saints)

Paulus schrieb an die Gemeinde in Rom folgendes:
„Wie sollen sie aber den anrufen, an den sie nicht geglaubt haben? Wie sollen sie aber an den glauben, von dem sie nichts gehört haben? Wie sollen sie aber hören ohne Prediger?"
(Luther Bibel; Römer 10:14)

So möchte ich die Gelegenheit wahrnehmen und über die Natur und den Charakter Gottes etwas sagen.

Joseph Smith sprach davon, dass wir eine Vorstellung haben müssen, dass Gott tatsächlich existiert.

Im Buch Mormon lesen wir von der Begebenheit, dass ein Missionar mit

Namen Aaron den Vater von König Lamoni belehrt. Der Vater von König Lamoni hat keine Vorstellung über Gott und so belehrt Aaron ihn darüber.

Ich möchte kurz ein paar Verse aus Alma Kapitel 22 zitieren, die das Gespräch zwischen Aaron und König Lamonis Vater wiedergeben.

„Und Aaron…sprach zu ihm: Glaubst du, dass es einen Gott gibt? Und der König sprach: Ich weiß, die Amalekiten sagen, dass es einen Gott gibt… Und wenn du nun sagst, es gibt einen Gott, siehe, so will ich glauben.
Und als nun Aaron dies hörte…sprach [er]: Siehe, so gewiß, wie du lebst, o König, gibt es einen Gott."

„Und es begab sich: Als Aaron diese Worte gesprochen hatte, beugte sich der König auf seinen Knien vor dem Herrn nieder…und schrie mächtig, nämlich:

O Gott, Aaron hat mir gesagt, dass es einen Gott gibt; und wenn es einen Gott gibt und wenn du Gott bist, wolltest du dich mir kundtun, und ich werde alle meine Sünden aufgeben, um dich zu erkennen..."
(Das Buch Mormon; Alma 22:7, 8, 17, 18)

Der Vater von König Lamoni gab Platz in seinem Herzen für den Glauben, dass Gott existiert. Dieser Glaube führte zum Gebet und schließlich zur Gewissheit, dass Gott tatsächlich existiert.

In Alma 32:28 lesen wir:

„Und nun wollen wir das Wort mit einem Samenkorn vergleichen. Wenn ihr nun Raum gebt, dass ein Samenkorn in euer Herz gepflanzt werden kann, siehe, wenn es ein wahres Samenkorn oder ein gutes Samenkorn ist, wenn ihr es nicht durch euren Unglauben ausstoßt, so dass ihr dem Geist des Herrn Widerstand leistet, siehe, so wird

es anfangen in eurer Brust zu schwellen; und wenn ihr dieses Schwellen spürt, werdet ihr anfangen, in euch zu sagen: Es muss notwendigerweise so sein, dass dies ein gutes Samenkorn ist oder dass das Wort gut ist, denn es fängt an, meine Seele zu erweitern; ja, es fängt an, mein Verständnis zu erleuchten; ja, es fängt an, mir köstlich zu sein."
(Das Buch Mormon; Alma 32:28)

Brigham Young sagte einmal:

„Wenn ihr euren [himmlischen] Vater seht, werdet ihr ein Wesen sehen, welches ihr schon lange kennt, und er wird euch in seine Arme nehmen und ihr werdet bereit sein in seine Arme zu fallen..."
(JD 4:54-55; zitiert in BYU-Speeches am 11.04.2006 von Andrew Skinner ‚The Nature and Character of God')

Anfangs habe ich Joseph Smith zitiert. Er sagte, dass es wichtig ist, eine korrekte Vorstellung von seinem Charakter, seiner Vollkommenheit und seinen Eigenschaften zu haben.

Im ersten Glaubensartikel heißt es:

„Wir glauben an Gott, den ewigen Vater, an seinen Sohn, Jesus Christus, und an den Heiligen Geist."
(Die Köstliche Perle; Die Glaubensartikel 1:1)

Wir glauben daran, dass Gottvater, Jesus Christus sowie der Heilige Geist die Gottheit bilden und drei getrennte Wesen sind, die gemeinsam das Ziel verfolgen, „die Unsterblichkeit und das ewige Leben des Menschen zustande zu bringen." (Die Köstliche Perle; Mose 1:39)

Diese Wahrheit ging in der Weltgeschichte verloren und wurde durch Joseph Smith wiederhergestellt.

Joseph Smith tritt als Zeuge dafür ein. Er hatte das Vorrecht, Gottvater und Jesus

Christus persönlich zu sehen. In seiner Lebensgeschichte lesen wir:

„[Ich] sah grade über meinem Haupt, heller als das Licht der Sonne, eine Säule aus Licht, die allmählich auf mich herabkam, bis sie auf mich fiel.
...Als das Licht auf mir ruhte, sah ich zwei Personen von unbeschreiblicher Helle und Herrlichkeit über mir in der Luft stehen. Eine von ihnen redete mich an, nannte mich beim Namen und sagte, dabei auf die andere deutend: Dies ist mein geliebter Sohn. Ihn höre!"
(Die Köstliche Perle; Joseph Smith Lebensgeschichte 1:16-17)

Später sagte Joseph Smith:

„Der Vater hat einen Körper aus Fleisch und Gebein, so fühlbar wie der eines Menschen,..."
(Lehre und Bündnisse 130:22)
Lassen Sie mich dies nochmals zusammenfassen. Gott ist ein eigenständiges Wesen mit einem Körper

aus Fleisch und Gebein. Wir, als Geistkinder Gottes, sind nach seinem Ebenbild erschaffen, wie auch schon in Genesis 1:26 und 27 steht.

„Und Gott sprach: Lasset uns Menschen machen, ein Bild, das uns gleich sei…
Und Gott schuf den Menschen zu seinem Bilde, zum Bilde Gottes schuf er ihn; und schuf sie als Mann und Frau."
(Luther Bibel; 1. Mose 1:26, 27)

Schauen wir uns nochmal das Ereignis an, welches als ‚erste Vision' bekannt ist.

Joseph Smith berichtete, dass Gott ihn beim Namen nannte.
Gott kennt einen jeden von uns. Ich kann mir nicht vorstellen, dass er hier den vollen Namen genannt hat – also „Herr Joseph Smith junior" oder „Herr Smith".
Ich denke, er hat hier den Vornamen genutzt – den Rufnamen, den sonst nur Familienangehörige und Freunde

nutzen. Daran sehe ich, welche Beziehung Gott zu uns hat.

Bereits im Buch Jeremia lesen wir, dass Gott Jeremia kannte, „bevor [er] im Mutterleib geformt wurde". (Luther Bibel; Jeremia 1:5)

Unser Glaube an Gott gibt uns hier Sicherheit und Gewissheit, dass wir nicht zufällig da sind. Es gibt einen Himmlischen Vater. Wie trostlos ist es doch, wenn man an die Evolutionstheorie glaubt. Wie schön ist da der Glaube an Gott.

Gott, als unser Himmlischer Vater, kennt einen jeden von uns und weiß genau, was wir bedürfen. Christus, der unseren Himmlischen Vater sehr gut kennt, lehrte:

„Euer Vater weiß, was ihr bedürft, ehe ihr ihn bittet."
(Luther Bibel; Matthäus 6:8)

Als nächstes möchte ich auf einige Eigenschaften eingehen. Joseph Smith lehrte dazu folgendes:

„Eine Kenntnis von diesen Eigenschaften in den göttlichen Charakter ist unentbehrlich, so dass sich der Glaube eines jeden rationellen Wesens in [Gott] zentrieren kann, um zu Leben und Errettung zu führen. Falls er in der ersten Instanz nicht daran glaubt, dass Gott Gott ist, der der Schöpfer aller Dinge, so kann er keinen Glauben in ihm ausüben, welcher zu Leben und Errettung führt. Er muss fürchten, dass es jemand höheres als Gott gibt, der alle seine Pläne durchkreuzt und er, wie die Götter der Heiden, nicht in der Lage sein wird, seine Verheißungen zu erfüllen. Wenn man aber erkennt, dass er Gott über alles ist, immerwährend, der Schöpfer aller Dinge, kann keine solche Angst in den Köpfen derer entstehen, die ihr Vertrauen in ihn legen, so dass der Glaube in diesem Aspekt nicht wankt."

(Lectures on Faith 3:19; First Published by the Church of Jesus Christ of Latter-day Saints)

Nun möchte ich kurz auf vier Eigenschaften, die die Natur und den Charakter Gottes ausmachen, eingehen.

Die erste Eigenschaft, die ich kurz näher beleuchten möchte, finden wir in der Bibel, in der Apostelgeschichte. Hier gibt Petrus davon Zeugnis.

„...Nun erkenne ich in Wahrheit, dass Gott die Person nicht ansieht; sondern jedem Volk, wer ihn fürchtet und Gerechtigkeit übt, der ist ihm angenehm."
(Luther Bibel; Apostelgeschichte 10:34-35)

Gott ist barmherzig zu jedem, der zu ihm kommt. Er ist unser Himmlischer Vater. Wir alle sind seine Geistkinder. Wir lebten bei ihm, bevor wir hier auf Erden kamen. Jeder, der zu ihm kommt, wird von ihm empfangen. Das Bild, was sein geliebter Sohn uns gibt, gilt gleichwohl für unseren Himmlischen Vater.

„Und weiter, wie oft hätte ich euch sammeln mögen, wie eine Henne ihre Küken unter ihre Flügel sammelt, ja, o ihr Volk vom Haus Israel, die ihr gefallen seid; ja, o ihr Volk vom Haus Israel, die ihr zu Jerusalem wohnt, wie ihr, die ihr gefallen seid; ja, wie oft hätte ich euch sammeln mögen, wie eine Henne ihre Küken sammelt, und ihr habt nicht gewollt.
O ihr Haus Israel, die ich verschont habe, wie oft werde ich euch sammeln, wie eine Henne ihre Küken unter ihre Flügel sammelt, wenn ihr umkehrt und mit voller Herzensabsicht zu mir zurückkommt."
(Das Buch Mormon; 3. Nephi 10:5-6)

Ein anderes Beispiel finden wir im Gleichnis vom verlorenen Sohn. Wir stehen symbolisch für den verlorenen

Sohn, durch die Sünden, die wir begehen. Aber durch Umkehr kann ein jeder von uns zurück. Unser Himmlischer Vater wird uns liebevoll empfangen.
Lassen Sie mich kurz einige Verse aus dem Gleichnis zitieren.

„Dann brach er auf und ging zu seinem Vater. Der Vater sah ihn schon von weitem kommen und er hatte Mitleid mit ihm. Er lief dem Sohn entgegen, fiel ihm um den Hals und küsste ihn.
Da sagte der Sohn: Vater, ich habe mich gegen den Himmel und gegen dich versündigt; ich bin nicht mehr wert, dein Sohn zu sein.
Der Vater aber sagte zu seinen Knechten: Holt schnell das beste Gewand und zieht es ihm an, steckt ihm einen Ring an die Hand und zieht ihm Schuhe an.
Bringt das Mastkalb her und schlachtet es; wir wollen essen und fröhlich sein.

Denn mein Sohn war tot und lebt wieder; er war verloren und ist wiedergefunden worden."
(Die Bibel, Einheitsübersetzung; Lukas 15:20-24)

Ich denke, dieses Beispiel verkörpert wunderbar, welche Geduld der Himmlische Vater mit uns, seinen Kindern, hat. Ich frage mich oft, wie man solche Geduld mit seinen Kindern haben kann. Vielleicht kennen Sie dies auch:
Sie haben viel Arbeit zu tun und sind müde und kaputt. In der Nacht weint erst das eine Kind und weckt damit das andere Kind. Kaum ist das erste Kind beruhigt fängt das Zweite an zu weinen, weil es geweckt worden ist. Und weil das zweite Kind jetzt schreit, fängt das erste Kind auch wieder an zu weinen. Nun haben sie zwei Kinder, die wach und schreiend sind. Sie selber sind aber hundemüde und wollen einfach nur schlafen. Woher nehmen Sie sich die Geduld?

Die Geduld erwächst hier aus der Liebe zu ihren Kindern.
Unser Himmlischer Vater hat eine vollkommene Liebe für uns. Daher auch eine unendliche Geduld mit uns. Manchmal frage ich mich, wie er soviel Geduld mit mir haben kann.

Zur Taufe schließen wir einen Bund, dass wir Gott gehorchen wollen. Das Abendmahl ist die Erneuerung des Taufbündnisses. Im Abendmahlsgebet heißt es unter anderem:

„...seine Gebote, die er ihnen gegeben hat, zu halten..."
(Lehre und Bündnisse 20:77)

Keiner von uns ist perfekt. Wir alle, und ich besonders, haben Fehler und Schwachheiten. Wir alle sündigen und brechen somit unser Bündnis. Die Liebe und Geduld unseres Himmlischen Vaters wird für mich jede Woche im Abendmahl sichtbar. Das Abendmahl ist für mich notwendig, um mein Bündnis zu erneuer, da ich es regelmäßig breche. Der Himmlische Vater bietet es uns jede Woche an, dieses Bündnis zu erneuern. Ich habe mal nachgerechnet. Ich habe schon 1.056 mal mein Taufbündnis durch das Abendmahl erneuert.

Ich glaube, daran wird deutlich, warum Christus auf die Frage des Petrus, ‚Wie oft ich meinen Bruder, der gegen mich sündigt, vergeben soll'(Matthäus 18:21), antwortete:

„...Ich sage dir: Nicht bis zu siebenmal, sondern bis zu siebzigmal siebenmal."
(Die Bibel; Matthäus 18:22)

Eine weitere Eigenschaft, die ich kurz ansprechen möchte, ist, dass Gott allgegenwärtig ist.

Was bedeutet dies?

Elder James E. Talmage erklärte dies wie folgt:

„Es gibt keinen Teil der Schöpfung, sei er auch noch so entfernt, wohin Er nicht dringen kann. … Dies heißt aber nicht, dass die Person irgendeines Gliedes der Gottheit zu gleicher Zeit an mehr als einem Ort anwesend sein kann."
(James E. Talmage; ‚Die Glaubensartikel'
Seite 51)

David hat dies auch wunderbar in einem Psalm verfasst.

„Ob ich sitze oder stehe, du weißt von mir. /
Von fern erkennst du meine Gedanken.
Ob ich gehe oder ruhe, es ist dir bekannt; /
du bist vertraut mit all meinen Wegen.
Noch liegt mir das Wort nicht auf der Zunge - /
du, Herr, kennst es bereits.
Du umschließt mich von allen Seiten /
und legst deine Hand auf mich.
Zu wunderbar ist für mich dieses Wissen, /
zu hoch, ich kann es nicht begreifen.

Wohin könnte ich fliehen vor deinem Geist, /
wohin mich vor deinem Angesicht flüchten?
Steige ich hinauf in den Himmel, so bist du dort; /
bette ich mich in der Unterwelt, bist du zugegen.
Nehme ich die Flügel des Morgenrots /
und lasse mich nieder am äußersten Meer,
auch dort wird deine Hand mich ergreifen /
und deine Rechte mich fassen.
Würde ich sagen: «Finsternis soll mich bedecken, /
statt Licht soll Nacht mich umgeben», /
auch die Finsternis wäre für dich nicht finster, die Nacht würde leuchten wie der Tag, /
die Finsternis wäre wie Licht."

Und Weiter:

„Als ich geformt wurde im Dunkeln, /

kunstvoll gewirkt in den Tiefen der Erde, / waren meine Glieder dir nicht verborgen.
Deine Augen sahen, wie ich entstand, / in deinem Buch war schon alles verzeichnet; meine Tage waren schon gebildet, / als noch keiner von ihnen da war."
(Die Bibel, Einheitsübersetzung; Psalm 139:2-12, 15-16)

Ist es da wunder, dass uns geboten wird, immer und überall zu beten.

Amulek, ein Missionar im Buch Mormon sagte:

„Ruft ihn an, wenn ihr auf euren Feldern seid...
„Ruft ihn an, in euren Häusern...
„Aber dies ist nicht alles; ihr müßt eure Seele in euren Kammern und an euren verborgenen Plätzen und in eurer Wildnis ausschütten.
„Ja, und wenn ihr den Herrn nicht anruft, so laßt euer Herz voll sein,

ständig im Gebet zu ihm hingezogen für euer Wohlergehen und auch für das Wohlergehen derer, die um euch sind."
(Das Buch Mormon; Alma 34:20, 21, 26,27)

Ich weiß nicht, wie das möglich ist, dass Gott alle Gebete erhört, egal wo wir sind und wann wir beten. Ich kann Ihnen das nicht erklären. Ich kann Ihnen nur Zeugnis geben, dass es so ist. Gott erhört und antwortet unsere Gebete. Ich bezeuge, dass dies so ist. Mit dem Handy haben wir manchmal das Problem, das wir keinen Empfang haben. Ich habe noch nie erlebt, dass so etwas beim Gebet passiert ist. Oder haben Sie beim Beten schon mal die Ansage gehört:

„The person you have called is temporally not available. Die Person, die Sie anrufen ist derzeit nicht erreichbar. Bitte versuchen Sie es später noch einmal."

Gott ist allwissend.

Im Buch Mormon lesen wir die Aufforderung:

„Berate dich mit dem Herrn in allem, was du tust, und er wird dich zum Guten lenken…"
(Das Buch Mormon; Alma 37:37)

Wie könnten wir uns mit Gott beraten, wenn er nicht allwissend ist?

Joseph Smith sagte dazu:

„Wäre Gott nicht allwissend, so wäre er nicht fähig, auch nur den kleinsten Teil seiner Geschöpfe zu erlösen, denn es ist ja grade sein allumfassendes Wissen – es reicht vom Anfang bis zum Ende – , das ihn befähigt, seinen Geschöpfen jene Erkenntnis zu verleihen, wodurch sie am ewigen Leben Anteil erlangen. Ohne die Vorstellung von Gottes Allwissenheit wäre es dem Menschen nicht möglich, an ihn zu glauben."

(zitiert in ‚Lehren der Erlösung – Band 1'
von Bruce R. McConkie; Seite 16)

Ich weiß, dass Gott allwissend ist. Wie dumm ist es doch oft von uns, dass wir, die wir nur ein begrenztes Wissen haben, versuchen Gott Dinge vorzuschreiben. Kennen Sie das? Sie beten und bitten Gott um etwas und versuchen ihn dabei Vorschreibungen zu machen, was er gefälligst tun soll.
Entwickeln wir doch den Glauben und die Demut daran, dass Gott allwissend ist und weiß, was für uns gut und richtig ist. Lassen sie uns den Glauben daran entwickeln, das zu tun, was Gott uns gebietet.

Oder lassen Sie es mich in den Worten Nephis ausdrücken:

„...Ich will hingehen und das tun, was der Herr geboten hat; denn ich weiß, der Herr gibt den Menschenkindern keine Gebote, ohne ihnen einen Weg zu

bereiten, damit sie das vollbringen können, was er ihnen gebietet."
(1. Nephi 3:7)

Und die letzte Eigenschaft, auf die ich kurz eingehen möchte ist, dass Gott allmächtig ist.

Elder James E. Talmage lehrte:
„[Gott] wird mit Recht der Allmächtige genannt. In den Kräften, die die Urstoffe der Erde beherrschen, die die Himmelskörper in ihren Bahnen führen, ja auf alle Seiten kann man die Beweise der göttlichen Allmacht wahrnehmen. Was immer unser himmlischer Vater in seiner Weisheit zu tun für notwendig hält, kann und wird Er tun. Die Mittel, wodurch Er wirkt, mögen an und für sich nicht unendlich sein, aber sie werden von einer unendlichen Macht geleitet. Die Macht, das zu vollbringen, was Er vollbringen will: Dies ist der richtige Begriff seiner Allmacht."
(James E. Talmage; ‚Die Glaubensartikel' Seite 52 und 53)

Paulus sagte einst:

„…Ist Gott für uns, wer kann gegen uns sein?"
(Luther Bibel; Römer 8:31)

In der Bibel lesen wir die Begebenheit von Abraham. Er hatte eine Frau namens Sara. Sie war schon alt und konnte keine Kinder haben. Eines Tages kamen himmlische Boten vorbei und sprachen die Verheißung aus, dass Sara nächstes Jahr um diese Zeit einen Sohn gebären soll.
Sara hörte dies. Nun möchte ich weiter aus der Bibel zitieren.

„Abraham und Sara waren schon alt; sie waren in die Jahre gekommen. Sara erging es längst nicht mehr, wie es Frauen zu ergehen pflegt.
Sara lachte daher still in sich hinein und dachte: Ich bin doch schon alt und verbraucht und soll noch das Glück der

Liebe erfahren? Auch ist mein Herr doch schon ein alter Mann!
Da sprach der Herr zu Abraham: Warum lacht Sara und sagt: Soll ich wirklich noch Kinder bekommen, obwohl ich so alt bin?
Ist beim Herrn etwas unmöglich? Nächstes Jahr um diese Zeit werde ich wieder zu dir kommen; dann wird Sara einen Sohn haben."
(Die Bibel, Einheitsübersetzung; Genesis 18:11-14)

Ist bei dem Herrn etwas unmöglich?

Wir wissen, dass Sara dann tatsächlich einen Sohn gebar mit Namen Isaak.
Wir haben viele Beweise in den Heiligen Schriften dafür, dass für Gott nichts unmöglich ist.

Eine Geschichte im Buch Mormon verdeutlicht dies mir sehr. Wir finden diese im Buch Alma.
Es ist die Situation, wo ein Teil der Nephiten (eigentlich die Guten)

abtrünnig wird und sich mit den Lamaniten (die Schlechten) vereinigt, um die Nephiten (die Rechtschaffenen) zu vernichten.

„Und siehe, als sie den Fluß Sidon überquerten, kamen die Lamaniten und die Amlissiten, die, wie es schien, fast so zahlreich waren wie der Sand des Meeres, über sie, um sie zu vernichten." (Das Buch Mormon; Alma 2:27)

Stellen Sie sich dies einmal vor. Sie sind Soldat in der Nephitischen Armee und Ihre Feinde kommen über einen Berg und sie nehmen kein Ende. Ein riesengroßes Problem kommt da auf Sie zu.
Sie stehen in ihren Leben wahrscheinlich auch oft vor große und scheinbar unüberwindbare Probleme. Dann vergessen Sie bitte nicht, dass Gott allmächtig ist.

„Doch wurden die Nephiten durch die Hand des Herrn gestärkt, denn sie

hatten machtvoll zu ihm gebetet, er möge sie aus den Händen ihrer Feinde befreien; darum vernahm der Herr ihr Schreien und stärkte sie, und die Lamaniten und die Amlissiten fielen vor ihnen."
(Das Buch Mormon; Alma 2:28)

Für Gott ist nichts unmöglich. Bitte vergessen Sie das nie!

Auch von dieser Eigenschaft möchte ich Zeugnis geben. Ich habe dies oft in meinen Leben gesehen. Wunder basieren auf Glauben. Und Glauben entwickeln Sie, wenn Sie die Dinge umsetzen, die der Herr geboten hat. Ja, es ist manchmal nicht einfach. Ja, es scheint manchmal, als ob es unmöglich sei. Sara dachte so und die Nephiten dachten so. Aber durch Glauben wurde das Unmögliche Möglich.

Wenn Sie durch Ihr Leben gehen, dann vergessen Sie bitte nicht, dass Gott voll von Liebe und Geduld ist. Er ist allgegenwärtig, allwissend und allmächtig.

Andrew Skinner, ein Professor an der Brigham Young Universität sagte einmal:

„Das Leben viele Menschen hätte anders sein können, wenn sie mehr über unseren liebevollen, gütigen und um uns kümmernden Himmlischen Vater gewusst hätten."
(Andrew Skinner: ‚The Nature and Character of God' BYU-Speeches vom 11. April 2006)

Ich hoffe, ich konnte Ihnen helfen, ihren Himmlischen Vater ein wenig besser kennenzulernen.

Ich lade Sie ein – und es ist dieselbe Einladung, die Christus den Nephiten gab – Gehen Sie nach den Versammlungen nach Hause und denken Sie als Familie darüber nach, was Sie heut gehört haben.

(In Ihrem Fall, nachdem Sie das Buch gelesen haben.)

Elder Bruce R. McConkie sage:

„Wenn die Versammlung vorbei ist, sollte das ‚Amen' diese nicht beenden. Wir sollten in unsere Heime gehen und zu unseren Familien und zu unserem Umfeld und wir sollten die Offenbarungen durchsuchen und herausfinden, was der Herr über diese Dinge gesagt hat. Wir sollten mit dem Heiligen Geist in Einklang leben und ein Zeugnis bekommen, nicht nur von der Wahrheit und Göttlichkeit des Werkes, in dem wir tätig sind, sondern auch von den Lehren, die durch die Sprecher uns gepredigt wurden."
(‚The Seven Deadly Heresis' BYU-Speeches 1. Juni 1980)

Ich gebe mein Zeugnis über die Realität und das Vorhandensein eines Gottes, der unser liebevoller Vater im Himmel ist.

Das Gebet

Das Gebet ist ein wichtiges Kommunikationsmittel mit Gott. Heute benutzen wir Handys, um von überall aus zu telefonieren. Wenn Sie jemanden anrufen, dann tun sie dies meistens mit dem Hintergrund, eine Neuigkeit zu erzählen, Informationen auszutauschen oder Hilfe zu bekommen.

Mit dem Gebet verhält es sich ähnlich. In dem Neuen Testament lesen wir von dem Mustergebet, was als ‚Vaterunser' bekannt ist.

„So sollt ihr beten: Unser Vater im Himmel, /
dein Name werde geheiligt,
dein Reich komme, /
dein Wille geschehe / wie im Himmel, so auf der Erde.
Gib uns heute das Brot, das wir brauchen.
Und erlass uns unsere Schulden, /

wie auch wir sie unseren Schuldnern
erlassen haben.
Und führe uns nicht in Versuchung, /
sondern rette uns vor dem Bösen."
(Die Bibel, Einheitsübersetzung;
Matthäus 6:9-13)

Wie ich bereits erwähnt habe, handelt es sich dabei um ein Mustergebet. Hätten Sie Lust, jeden Tag das Selbe von Ihrem Kind am Telefon zu hören? Oder möchten Sie wissen, wie es ihrem Kind geht, wie es sich fühlt, welche Herausforderungen es grade hat und wie das Leben im Allgemeinen aussieht?
Um unseren Himmlischen Vater besser kennenzulernen und eine Beziehung mit ihm aufzubauen ist das Gebet unabdingbar.
Im Gebet können wir unserem Himmlischen Vater mitteilen, wie es uns geht, was uns derzeit beschäftigt, wofür wir dankbar sind usw. Wir können mit ihm reden, wie mit unserem irdischen Vater oder einem guten Freund bzw.

guter Freundin. Wir können ihm unser ganzes Herz ausschütten.

Christus hat uns das ‚Vaterunser' als Mustergebet gegeben und nicht als Anweisung, dass wir dieses immer und überall wiederholen sollen. Im Neuen Testament lesen wir von weiteren Gebeten, die Christus gesprochen hat. Denken wir nur mal an das letzte Abendmahl. Dort hat er nicht das ‚Vaterunser' aufgesagt, sondern für das gebeten, was ihn beschäftigt.

„Und als sie aßen, nahm Jesus das Brot, dankte und brach's und gab's ihnen und sprach: Nehmet; das ist mein Leib.
Und er nahm den Kelch, dankte und gab ihnen den; und sie tranken alle daraus."
(Die Bibel – Lutherübersetzung 1984; Markus 14:22-23)

Etwas später sprach Christus das so genannte ‚hohepriesterliche Gebet'.

„So redete Jesus und hob seine Augen auf zum Himmel und sprach: Vater, die Stunde ist da: verherrliche deinen Sohn, damit der Sohn dich verherrliche;
denn du hast ihm Macht gegeben über alle Menschen, damit er das ewige Leben gebe allen, die du ihm gegeben hast.
Das ist aber das ewige Leben, dass sie dich, der du allein wahrer Gott bist, und den du gesandt hast, Jesus Christus, erkennen.
Ich habe dich verherrlicht auf Erden und das Werk vollendet, das du mir gegeben hast, damit ich es tue.
Und nun, Vater, verherrliche du mich bei dir mit der Herrlichkeit, die ich bei dir hatte, ehe die Welt war.
Ich habe deinen Namen den Menschen offenbart, die du mir aus der Welt gegeben hast. Sie waren dein und du hast sie mir gegeben, und sie haben dein Wort bewahrt.
Nun wissen sie, dass alles, was du mir gegeben hast, von dir kommt.

Denn die Worte, die du mir gegeben hast, habe ich ihnen gegeben, und sie haben sie angenommen und wahrhaftig erkannt, dass ich von dir ausgegangen bin, und sie glauben, dass du mich gesandt hast.
Ich bitte für sie und bitte nicht für die Welt, sondern für die, die du mir gegeben hast; denn sie sind dein.
Und alles, was mein ist, das ist dein, und was dein ist, das ist mein; und ich bin in ihnen verherrlicht.
Ich bin nicht mehr in der Welt; sie aber sind in der Welt, und ich komme zu dir. Heiliger Vater, erhalte sie in deinem Namen, den du mir gegeben hast, dass sie eins seien wie wir.
Solange ich bei ihnen war, erhielt ich sie in deinem Namen, den du mir gegeben hast, und ich habe sie bewahrt, und keiner von ihnen ist verloren außer dem Sohn des Verderbens, damit die Schrift erfüllt werde.
Nun aber komme ich zu dir und rede dies in der Welt, damit meine Freude in ihnen vollkommen sei.

Ich habe ihnen dein Wort gegeben und die Welt hat sie gehasst; denn sie sind nicht von der Welt, wie auch ich nicht von der Welt bin.
Ich bitte dich nicht, dass du sie aus der Welt nimmst, sondern dass du sie bewahrst vor dem Bösen.
Sie sind nicht von der Welt, wie auch ich nicht von der Welt bin.
Heilige sie in der Wahrheit; dein Wort ist die Wahrheit.
Wie du mich gesandt hast in die Welt, so sende ich sie auch in die Welt.
Ich heilige mich selbst für sie, damit auch sie geheiligt seien in der Wahrheit.
Ich bitte aber nicht allein für sie, sondern auch für die, die durch ihr Wort an mich glauben werden,
damit sie alle eins seien. Wie du, Vater, in mir bist und ich in dir, so sollen auch sie in uns sein, damit die Welt glaube, dass du mich gesandt hast.
Und ich habe ihnen die Herrlichkeit gegeben, die du mir gegeben hast, damit sie eins seien, wie wir eins sind,

ich in ihnen und du in mir, damit sie vollkommen eins seien und die Welt erkenne, dass du mich gesandt hast und sie liebst, wie du mich liebst.
Vater, ich will, dass, wo ich bin, auch die bei mir seien, die du mir gegeben hast, damit sie meine Herrlichkeit sehen, die du mir gegeben hast; denn du hast mich geliebt, ehe der Grund der Welt gelegt war.
Gerechter Vater, die Welt kennt dich nicht; ich aber kenne dich und diese haben erkannt, dass du mich gesandt hast.
Und ich habe ihnen deinen Namen kundgetan und werde ihn kundtun, damit die Liebe, mit der du mich liebst, in ihnen sei und ich in ihnen."
(Die Bibel – Lutherübersetzung 1984; Johannes 17:1-26)

Oder im Garten Getsemani sprach er nicht das ‚Vaterunser', sondern ein persönliches Gebet, wo er seine tiefsten Inneren Gefühle offenbart hat.

„Und als er dahin kam, sprach er zu ihnen: Betet, damit ihr nicht in Anfechtung fallt!
Und er riss sich von ihnen los, etwa einen Steinwurf weit, und kniete nieder, betete
und sprach: Vater, willst du, so nimm diesen Kelch von mir; doch nicht mein, sondern dein Wille geschehe!"
(Die Bibel – Lutherübersetzung 1984; Lukas 22:40-42)

Die Liste könnte ich jetzt weiter fortsetzen.

In diesen Beispielen sehen wir, dass es wichtig ist, dass wir einen Dialog mit Gott im Gebet führen.
Jetzt werden Sie sich vielleicht fragen: „Dialog? Spricht Gott mit mir?"

Das Gebet sollte ein Dialog sein und Gott erhört und antwortet Gebete, sofern wir ihn die Gelegenheit dazu geben.

Stellen Sie sich mal vor, sie stehen vor einer wichtigen Entscheidung und möchten den Rat Ihrer Mutter dazu haben. Sie rufen bei Ihrer Mutter an und erzählen ihr alles. Ihre Mutter hört Ihnen zu und lässt Sie ausreden. Als Sie fertig sind mit ihren Anliegen legen Sie einfach auf. Nun sitzen Sie zu Hause rum und ärgern sich, dass Sie keinen Rat von Ihrer Mutter erhalten haben. Da Sie keinen Rat von Ihrer Mutter erhalten haben, fangen Sie an, an der Existenz Ihrer Mutter zu zweifeln. Vielleicht gibt es meine Mutter gar nicht?
Ist das Beispiel nicht absurd? Aber so ist oft unser Umgang mit unserem Himmlischen Vater. Wir geben ihm keine Chance uns zu antworten und so fangen wir an zu zweifeln, ob es Gott überhaupt gibt.

Präsident Uchtdorf sagte einmal:
„Sie sind Gott wichtig. Er hört zu und er gibt Antwort, wenn Sie Fragen haben. Die Antworten auf Ihre Gebete kommen auf seine eigene Weise und zu seiner

eigenen Zeit. Daher müssen Sie lernen, wie man seine Stimme vernimmt."
(Dieter F. Uchtdorf, "Ein Zeugnis von Licht und Wahrheit erlangen", Liahona, November 2014, Seite 21)

Barbara Thompson sagte einmal:

„Als Kind dachte ich, persönliche Offenbarung oder eine Antwort aufs Gebet bedeute, dass man eine Stimme hört. Manchmal wird einem Offenbarung auch tatsächlich dadurch gegeben, dass man eine Stimme vernimmt. Ich habe jedoch erkannt, dass der Geist auf vielerlei Weise zu uns spricht.
Im Buch Lehre und Bündnisse (LuB), Abschnitt 6, werden einige Arten beschrieben, wie wir Offenbarung empfangen:
„Du hast mich gefragt, und siehe, sooft du gefragt hast, hast du von meinem Geist Belehrung empfangen." (LuB 6:14)
„Ich [habe] deinen Verstand erleuchtet." (LuB 6:15)

„Habe ich deinem Sinn nicht Frieden in dieser Angelegenheit zugesprochen?" (LuB 6:23)

Auch in weiteren Schriftstellen erfahren wir mehr darüber, wie man Offenbarung empfängt:

„Ich werde es dir in deinem Verstand und in deinem Herzen durch den Heiligen Geist sagen, der über dich kommen wird und der in deinem Herzen wohnen wird. Nun siehe, dies ist der Geist der Offenbarung." (LuB 8:2, 3)

„Ich [werde] machen, dass dein Herz in dir brennt; darum wirst du fühlen, dass es recht ist." (LuB 9:8)

„Ich werde dir von meinem Geist geben, der dir den Verstand erleuchten wird und der dir die Seele mit Freude erfüllen wird." (LuB 11:13)

Sehr oft empfangen wir persönliche Offenbarung, wenn wir in den heiligen Schriften lesen, auf den Rat der Propheten und sonstigen Führer der Kirche hören und bestrebt sind, glaubenstreu und rechtschaffen zu leben. Manchmal empfangen wir

Inspiration durch eine einzige Schriftstelle oder eine Zeile aus einer Konferenzansprache."
(https://www.lds.org/general-conference/2011/10/personal-revelation-and-testimony?lang=deu)

Zusammenfassend kann man sagen, dass es hauptsächlich drei Wege gibt, wie Gott Ihre Gebete beantwortet, sofern Sie es zulassen.

1. Durch Gefühle und Gedanken (auch persönliche Offenbarung bzw. Inspiration genannt)
2. Durch das bereits offenbarte Wort Gottes
3. Durch unsere Mitmenschen

Egal, auf welcher dieser drei Wege, und die Aufzählung ist hier nicht abgeschlossen, die Antwort kommt, es verlangt auch einen Teil an Arbeit von uns.

1. Durch Gefühle und Gedanken

In dem Kapitel über die Gottheit haben wir kurz die Rolle des Heiligen Geistes gesprochen.

Jesus lehrte seinen Jüngern über die Rolle des Heiligen Geistes.

„Aber der Tröster, der Heilige Geist, den mein Vater senden wird in meinem Namen, der wird euch alles lehren und euch an alles erinnern, was ich euch gesagt habe."
(Lutherbibel 1984, Johannes 14:26)

Moroni schrieb:

„Und durch die Macht des Heiligen Geistes könnt ihr von allem Wissen, ob es wahr ist."
(Das Buch Mormon, Moroni 10:5)

Wie spricht nun der Heilige Geist zu uns?

Nephi gibt uns da eine gute Antwort. Er sagt, dass „die Macht des Heiligen Geistes es den Menschenkindern ins Herz" gibt. (Das Buch Mormon, 2. Nephi 33:1)

Es lässt sich schwer beschreiben, wie sich es anfühlt, wenn der Heilige Geist zu einem spricht. Manche bezeichnen es mit einem brennen im Herzen, andere beschreiben es als ein Gefühl des Friedens und wieder andere sagen, dass es sich anfühlt, als wenn Licht die Gedanken erhellt. So ist es schwer zu beschreiben, aber Sie werden fühlen und wissen, wann der Heilige Geist zu Ihnen spricht. „...[Ihr] könnt mit vollkommenem Wissen wissen, dass es von Gott ist." (Das Buch Mormon, Moroni 7:16)
Der Mensch ist ein duales Wesen. Wir haben einen Körper aus Geist in einer sterblichen Hülle aus Fleisch und Gebein. Wenn Geist zu Geist spricht, dann merken wir es genau so, wie wir merken, dass ein Mensch zu uns spricht.

Der menschliche Körper ist, wie auch der Geistkörper, ein Phänomen. Waren Sie schon mal in einer großen Gruppe von Menschen, die sich alle unterhalten? Der Lärmpegel ist sehr hoch und Sie verstehen nichts. Wenn nun jemand ihr Namen nennt, hören Sie diesen und verstehen auch, was über sie erzählt wird.

Joseph Smith sagte einmal:
„Man kann daraus Nutzen ziehen, dass man auf die ersten Anzeichen des Geistes der Offenbarung achtet; zum Beispiel: Wenn jemand spürt, dass reine Intelligenz in ihn einströmt, taucht vielleicht plötzlich ein Gedanke in ihm auf, und wenn er diesen beachtet, wird er ihn noch am gleichen Tag oder bald darauf verwirklicht sehen; das nämlich, was der Geist Gottes ihm vorgelegt hat, wird eintreffen. Und wenn man auf diese Weise den Geist Gottes kennen und verstehen lernt, kann man in das Prinzip Offenbarung hineinwachsen, bis

man vollkommen wird in Christus Jesus."
(History of the Church, 3:381; aus einer Rede von Joseph Smith am 27. Juni 1839 in Commerce, Illinois; aufgezeichnet von Willard Richards)

Fassen wir dies nochmals kurz zusammen:

- Der Heilige Geist ist die Person der Gottheit, durch die wir Antwort auf ein Gebet erhalten können.
- Der Heilige Geist spricht oft durch Gefühle und Gedanken zu uns.
- Wir müssen lernen, die Stimme des Geistes zu hören.
- Die Stimme des Geistes kann sich unterschiedlich anfühlen, wie es sich auch unterschiedlich anfühlt, wenn Menschen zu uns sprechen.

Zum Schluss noch ein kleiner Tipp von mir.

Sprechen Sie morgens und abends ein persönliches Gebet. Doch bevor Sie beten, nehmen Sie sich noch ein wenig Zeit um sich aufzuschreiben, was sie beschäftigt und welche Fragen Sie haben. Dann sprechen Sie ihr Gebet. Schreiben Sie Ihre Gefühle und Gedanken während des Gebetes bzw. nach dem Gebet auf.

Dies verlangt ein wenig Zeit. Aber wenn Sie Gott als Ihren Himmlischen Vater anerkenne, dann nehmen Sie sich gerne die Zeit dafür.

Ich möchte Ihnen mein Zeugnis geben, dass ich weiß, dass Gott unsere Gebete erhört und auch durch Gefühle und Gedanken beantwortet.

Ich habe ein kleines „Gebetsbuch". Es ist ein kleines Notizbuch, wo ich vor dem Gebet meine Fragen und die Dinge aufschreibe, die mich beschäftigen. Im Gebet auf meinen Knien bespreche ich mit meinem Himmlischen Vater jeden einzelnen Punkt. Nach dem Gebet verharre ich auf den Knien und denke über die Punkte nach. Häufig passiert es, dass ich merke, wie mein Verstand in einigen Punkten erleuchtet wird, also wie der Geist zu mir spricht. Dies schreibe ich auf.

Aber es kommt auch manchmal vor, dass ich das Gefühl habe, mir selbst über einige Punkte noch mehr Gedanken zu machen. Und das ist dann meine Hausaufgabe.

Früher dachte ich immer, dass der Herr die Gebete nicht immer gleich beantwortet. Heute weiß ich, dass er bereit ist, unsere Gebete sofort zu beantworten – manchmal auch indem er mir Hausaufgaben gibt, Dinge mehr und tiefer zu durchdenken.

Früher habe ich, symbolisch gesehen, den Hörer aufgelegt, sobald ich meinen Teil gesagt habe. Manchmal verfalle ich auch heute noch in dieses Muster. Glücklicherweise ist unser Himmlischer Vater nicht beleidigt oder eingeschnappt, wenn so etwas passiert. Er ist vergebungsbereit und immer da für uns. Dies merke ich, wenn ich den Hörer nicht auflege und Gott aussprechen

lasse. Ich bin begeistert über die Führung und den Rat, den ich von ihm erhalte.
Durch das Gebet habe ich die Möglichkeit zu fühlen, dass Gott mich kennt. Durch das Gebet habe auch ich die Möglichkeit Gott kennenzulernen.

2. Durch das bereits offenbarte Wort Gottes

Im Alten Testament in der Bibel lesen wir:
„Gott der HERR tut nichts, er offenbare denn seinen Ratschluss den Propheten, seinen Knechten."
(Luther Bibel 1984, Amos 3:7)

Wir haben heute die Heiligen Schriften als das Wort Gottes. Den Inhalt der Heiligen Schriften lässt sich in drei Kategorien einteilen. Wir finden dort:

- Persönliche Erfahrungen und Erlebnisse
- Geschichtliches

- Offenbarungen/Prophezeiungen

Zum Beispiel finden wir in der Bibel im Alten Testament die Begebenheit mit Mose. Wir lesen welche Erfahrungen Mose gemacht hat. Wir lesen von seinen Erlebnis mit dem brennenden Dornenbusch oder wie das Rote Meer geteilt wurde. Ein paar Seiten weiter wird die Rangfolge der Könige und über das Herrschaftshaus berichtet. Und blättert man noch ein paar Seiten weiter findet man Jesaja und die Prophezeiungen über Christus.

Die Heiligen Schriften sind für uns geschrieben. Ihr Inhalt ist wichtig. Wir lernen so die Gottheit besser kennen. Aus den Erlebnissen der Menschen damals sowie den Offenbarungen und Prophezeiungen können wir selbst Kraft schöpfen. Wir lesen von Menschen, die auch vor vielen Problemen standen und wie der Glaube an Gott ihnen geholfen hat, ihre Probleme zu meistern.

Zum Beispiel lesen wir im Alten Testament über Noah und die Arche. Nun können Sie sich die Frage stellen, was Noah und die Arche mit mir zu tun hat.
Noah war ein Mann, der Gott kennengelernt hat. Er war Gehorsam gegenüber den Geboten. „Noah war ein frommer Mann und ohne Tadel zu seinen Zeiten; er wandelte mit Gott."
(Luther Bibel 1984, 1. Mose 6:9)
Wir lernen aus dieser Geschichte, dass Gott die rechtschaffenen Menschen bewahrt. Er hat Noah und seine Familie bewahrt, in dem er ihnen geboten hat, eine Arche zu bauen. In der Arche waren sie sicher vor der Flut.
Heute haben wir eine Flut von Schlechtigkeit und Negativem. Wenn wir uns fragen, wie wir unsere Familie schützen können, dann finden wir die Antwort bei Noah – Rechtschaffen leben und eine Arche bauen.
Nun rennen Sie bitte nicht gleich in den nächsten Baumarkt um sich Holz zu kaufen, um ein Schiff zu bauen. Die

Arche war ein Ort der Sicherheit, die Noah und seiner Familie Schutz boten.
Heute können wir unser Zuhause als ein Ort des Schutzes und der Sicherheit machen. Dies geschieht, indem wir Glauben an Gott lehren und uns damit befassen, was Gott von uns erwartet und wir versuchen diese Erwartungen zu erfüllen.
Dazu aber mehr in dem Kapitel ‚Was erwartet Gott von mir?'

Dies war nur ein kurzes Beispiel dafür, wie wir die Schriften auf uns beziehen können.

Es gibt noch viele weitere Möglichkeiten, Nutzen aus den Schriften zu ziehen. Wichtig ist, dass wir uns mit dem offenbarten Wort Gottes befassen und es kennen lernen. Diese Worte sollten wir dann personalisieren, d.h. auf mich selbst beziehen und ggf. sogar mein Name dort einsetzen.

Die Heiligen Schriften haben mir oft Kraft gegeben, wenn ich mich bedrückt gefühlt habe oder niedergeschlagen war. Die Heiligen Schriften haben mir auch geholfen empfänglich für den Heiligen Geist zu sein.
Durch die Heiligen Schriften lernen wir, dass wir Gottes Kinder sind und er uns liebt. Gott ist in Ewigkeit unser Himmlischer Vater. Er hat damals zu den Menschen gesprochen, die ihn gesucht haben und so spricht er auch heute zu uns.

3. Durch andere Menschen

Wie damals zu Zeiten des Alten Testaments haben wir auch heute einen Propheten, der uns den Willen Gottes mitteilt.

Aber nicht nur Propheten sind wichtig, sondern auch Menschen um uns herum. Es gibt viele Menschen, die viel Erfahrung gesammelt haben. Es ist gut, wenn wir sie aufsuchen, um nach Rat zu fragen.

Jedoch sind dabei zwei wesentliche Dinge zu beachten.

Elder Robert D. Hales vom Kollegium der Zwölf Apostel sagte einmal:

„Wählt gebeterfüllt Vertrauenspersonen aus, denen euer geistiges Wohl am Herzen liegt. Seid vorsichtig, wenn ihr Rat von Freunden in eurem Alter erhaltet. Wenn ihr mehr erreichen wollt als bislang, wendet euch an jemanden, der schon auf einer höheren Stufe steht und nicht auf derselben wie ihr!" (https://www.lds.org/general-conference/2015/10)

Des Weiteren ist aber auch zu beachten, dass man seine Entscheidung nicht auf andere abwälzt. Wir sind dankbar, dass wir in einem freien Land wohnen und wir selbst Entscheidungen treffen dürfen. Unsere menschliche Natur neigt aber gerne dazu, dass sobald wir vor einer schwierigen Entscheidung stehen, diese gerne auf andere abwälzen. So haben wir die „Sicherheit", falls dies falsch ist, immer die Schuld auf den zu schieben, der den Rat erteilt hat.

Ein Ratschlag resultiert oft aus der Erfahrung desjenigen, der den Rat erteilt. Dieser Ratschlag muss nicht immer 1:1 auf uns passen, es sei denn, dass dieser Rat von einem inspirierten Kirchenführer kommt.

Oft frage ich meine Frau, was ich in einer bestimmten Situation tun soll. Meine Frau antwortet dann liebevoll:

„Sebastian, du bist alt genug, um die Entscheidung selbst zu treffen. Ich bin nicht dein Vormund. Ich vertraue darauf, dass du die richtige Entscheidung triffst."

Ein Ratschlag eines Familienmitgliedes oder Freundes kann uns helfen, bessere Entscheidungen zu treffen und Vor- bzw. Nachteile besser zu erkennen.

Ein Kirchenführer, zum Beispiel ein Bischof, ist von Gott berufen uns Rat zu erteilen. Oft wird sein Rat nicht der sein, den wir uns wünschen.

Als Gemeindepräsident habe ich oft die Möglichkeit mich mit Mitgliedern meiner Gemeinde zu unterhalten. Erst letzte Woche hatte ich ein solches Gespräch. Mir wurde das Problem ausführlich geschildert und dann die Frage gestellt: „Was soll ich tun?"
Ich überlegte kurz und fühlte mich gedrängt ihr folgende Punkte zu nennen:
- Lese jeden Tag in den Heiligen Schriften und zwar nicht einfach aufschlagen und wahllos lesen, sondern von Anfang bis Ende durchlesen, wie jedes andere Buch auch
- Bete jeden Früh und jeden Abend
- Besuche jeden Sonntag die Versammlungen der Kirche
- Zahle den Zehnten …

Als ich fertig war fragte sie mich ganz erschrocken: „Was hat dies mit der Lösung meines Problems zu tun?"

Liebevoll versuchte ich ihr zu erklären, dass diese Dinge die Grundlage dafür sind, sich Gott zu nähern um von ihm Rat zu erfahren. Ich selber bin ein Mensch und könnte ihr sagen, was ich verstandesgemäß tun würde. Aber dies muss nicht richtig sein. Ich gab ihr die Verheißung, dass wenn sie diese Dinge tut, sich ihr Verstand erleuchten wird und sie klar erkennen wird, was richtig ist.

Ich hoffe ich konnte Ihnen ein wenig helfen zu verstehen, wie Gott Gebete erhört und ihnen antwortet. Ich möchte dieses Kapitel mit einer meiner Lieblingsschriftstelle aus dem Buch Mormon Beenden.

„Berate dich mit dem Herrn in allem, was du tust, und er wird dich zu Guten lenken..."

(Das Buch Mormon, Alma 37:37)

Gott hilft uns gerne und er redet gerne mit muss. Wir müssen ihn nur sprechen lassen.

Was erwartet Gott von mir?

Gott ist unser Himmlischer Vater und wir sind seine Kinder. Von diesem Standpunkt aus betrachtet können wir einen direkten Vergleich ziehen.

Ich bin selbst Vater von drei wunderbaren Kindern. Nun sind meine Kinder alle keine Engel. Jedes Kind hat seine eigene Schwächen und Unzulänglichkeiten. Jedes Kind macht auch Fehler und besondere Lernerfahrungen. Trotz all den Schwächen, Fehlern, Unzulänglichkeiten liebe ich als Vater meine Kinder. Ich wünsche mir für meine Kinder nur das Beste. Natürlich habe ich bestimmte Erwartungen an meine Kinder. Ich erwarte zum Beispiel von meiner großen Tochter, dass sie jeden Tag den Geschirrspüler ausräumt und auch im Haushalt mithilft. Von meinem 3-jährigen Sohn erwarte ich, dass er seine Spielsachen wegräumt, bevor er etwas Neues rausholt. Von meinem kleinen Sohn erwarte ich, dass er seinen Brei aufisst. Allem in Allen erwarte ich von meinen Kindern, dass sie ihren Pflichten zu Hause nachkommen. Außerdem erwarte ich auch, dass sie gehorsam sind und die Dinge tun, die wir als Eltern ihnen sagen.

Ich denke, dass mir alle guten Eltern zustimmen, dass wir bestimmte Erwartungen an unseren Kindern haben. Diese Erwartungen haben wir an sie, da wir nur das Beste für unsere Kinder wollen. Wir lieben sie und wollen sie vor schlechten Dingen schützen. Außerdem wollen wir sie vorbereiten, einmal selbst eigenständig zu sein und ein gutes Leben zu führen. Die Motivation ist unsere Liebe zu den Kindern. Das wird ganz besonders deutlich, wenn unsere Kinder sich dazu entscheiden, unsere letzten Nerven zu rauben. Die Motivation Liebe hilft uns, dass wir unsere Kinder nicht aufgeben, auch wenn sie grade im Teenager-Alter sind.

Ich glaube, dass wir in dieser Hinsicht unserem Himmlischen Vater sehr ähnlich sind.

Unser Himmlischer Vater hat auch einige Erwartungen an uns. Er möchte, dass wir bestimmte Dinge lernen, bestimmte Arbeiten verrichten und uns an bestimmte Regeln halten. Dies alles verfolgt er aus der Motivation der reinen Liebe und dem Ziel, dass wir ihm ähnlich werden und eines Tage wieder in seiner Gegenwart kommen können. Er möchte, dass wir in diesem Leben, aber auch im Leben nach dem Tod glücklich sind. Es sind bestimmte Aufgaben zu erledigen, Regeln zu halten und Arbeiten zu verrichten, die uns diesen Frieden und das wahre Glück in diesem und dem nächsten Leben bringen.

Amulek, ein Prediger im Buch Mormon, nutzte dazu die folgenden Worte:

„Denn siehe, dieses Leben ist die Zeit, da der Mensch sich vorbereiten soll, Gott zu begegnen; ja, siehe, der Tag dieses Lebens ist der Tag, da der Mensch seine Arbeiten verrichten soll."
(Das Buch Mormon, Alma 34:32)

Was sind also diese Arbeiten. Petrus sagte dazu:
„Als sie aber das hörten, ging's ihnen durchs Herz und sie sprachen zu Petrus und den andern Aposteln: Ihr Männer, liebe Brüder, was sollen wir tun?
Petrus sprach zu ihnen: Tut Buße und jeder von euch lasse sich taufen auf den Namen Jesu Christi zur Vergebung eurer Sünden, so werdet ihr empfangen die Gabe des Heiligen Geistes."
(Luther Bibel 1984, Apostelgeschichte 2:27, 38)

Laut diesem Vers gibt es zwei Dinge, die Gott von uns erwartet und was wir tun sollen, nämlich Buße tun und uns in Namen Jesu Christi taufen lassen.

Das Wort ‚Buße' ist ein altdeutscher Begriff. Mir gefällt der etwas modernere Begriff ‚Umkehr' besser. Dieses Wort im Zusammenhang mit dem weiteren Wort ‚Bekehren' erklärt wunderbar diesen Prozess. Bei der Umkehr erkennen wir, dass wir auf den falschen Weg sind und kehren diesem Weg den Rücken zu und bekehren uns zu Gott. Die Grundlagen für diesen Schritt bildet der Glaube an Gott und an seinen Sohn, Jesus Christus, sowie an den Heiligen Geist.

Und weil dieser Bekehrungsprozess auch beinhaltet, dass wir Christus folgen wollen, lassen wir uns auch von jemandem, der Vollmacht hat, taufen.

Christus, als Vorbild, hat dies auch getan. Mit der Taufe bezeugen wir, dass wir unserem Vorbild, Jesus Christus, auf dem Weg zurück zu Gott folgen.

Ist dies alles? Nein. Gott erwartet, dass wir nach der Taufe weiterhin seine Gebote befolgen. Die Gebote sind keine Spaßbremse, sondern helfen und

schützen uns vor geistigen und körperlichen Schaden.
Christus selbst belehrte die Menschen, aus welcher Motivation wir Gehorsam gegenüber Gottes Geboten sein sollten.

„Liebt ihr mich, so werdet ihr meine Gebote halten."
(Luther Bibel 1984, Johannes 14:15)

Manchmal verstehen wir bestimmte Gebote vielleicht nicht. Aber wenn wir Gott lieben, dann sind wir bereit seine Gebote zu halten.

Dasselbe Muster sehen wir auch bei der Kindererziehung. Wenn wir unseren Kindern etwas verbieten und sie merken, dass unsere Motivation unsere Liebe zu den Kindern ist, dann werden die Kinder gehorsam sein, weil sie uns lieben und sie wissen, dass wir sie lieben.

Genauso ist es mit Gott. Wenn wir Gott besser kennengelernt haben, dass lernen wir, dass seine Motivation die Liebe zu uns ist. Aufgrund dieses Wissens fällt es uns einfacher, Gebote zu halten, auch wenn wir nicht vollumfänglich verstehen, warum es diese Gebote gibt.

Genauso wenig, wie wir Perfektion von unseren Kindern erwarten, erwartet auch unser Himmlischer Vater keine Perfektion von uns. Er erwartet von uns nur, dass wir unser Bestes geben. Er gestattet auch Fehler und hat auch schon dafür gesorgt, dass unsere Fehler uns vergeben werden können. Dafür hat er Jesus Christus auf die Erde gesandt.

„Denn also hat Gott die Welt geliebt, dass er seinen eingeborenen Sohn gab, damit alle, die an ihn glauben, nicht verloren werden, sondern das ewige Leben haben.
Denn Gott hat seinen Sohn nicht in die Welt gesandt, dass er die Welt richte, sondern dass die Welt durch ihn gerettet werde."

(Luther Bibel 1984, Johannes 3:16, 17)

Ich weiß, dass unser Himmlischer Vater lebt und uns liebt. Er ist wirklich ein liebevoller Himmlischer Vater.

Seine Erwartungen an uns sind vielleicht nicht immer einfach. Dennoch können wir dabei wachsen und selber Gott ähnlicher werden.

Zum Abschluss

Dieses kleine Büchlein ist nicht dick. Ich habe es mit Absicht klein und handlich gelassen und viele Themen nur oberflächlich angeschnitten.
Unser Leben ist auch ein Lernprozess. Dieses Buch soll ihnen nur helfen die ersten Schritte zu tun. Nun sind Sie an der Reihe Ihren Weg zu finden und mit Gott an ihrer Seite zu gehen.

Zum Abschluss möchte ich mein Zeugnis geben, dass ich weiß, dass Gott lebt und einen jeden von und kennt.
Durch dieses Buch haben Sie theoretisch Gott etwas besser kennengelernt. Nun kommt der praktische Teil – Sie müssen etwas tun!

Möge Gott Sie segnen!

Über den Autor

Sebastian Dzierzon ist glücklich verheiratet und Vater von derzeit drei wunderbaren Kindern.

Von Kind an wurden ihm christliche Werte mitgegeben.

Im Alter von 21 Jahren, nach erfolgreichem Abschluss einer Berufsausbildung zum Verwaltungsfachangestelltem, ging er für 21 Monate nach Georgien. Dort arbeitete er als Missionar für die Kirche Jesu Christi der Heiligen der Letzten Tage.

Seit seiner Rückkehr nach Deutschland arbeitet er im öffentlichen Dienst.

Auch ist er seit Dezember 2010 ehrenamtlicher Gemeindepräsident der Kirche Jesu Christi der Heiligen der Letzten Tag in seiner Heimatstadt. Seit seiner Jugend arrangiert Sebastian Dzierzon sich ehrenamtlich in der genannten Kirche und hatte schon verschiedene Aufgaben inne, wie z. B. Sonntagsschullehrer oder Lehrer am Religionsinstitut in Chemnitz.

In seiner Freizeit liebt er es zu Fotografieren und sich Wissen in vielen Bereichen anzueignen.

Dieses Buch ist bereits das fünfte veröffentlichte Buch von Sebastian Dzierzon.

Mehr Informationen über den Autor, seine bereits veröffentlichten Bücher und seine Glaubensansichten finden Sie im Internet unter:

http://germanldsauthor.blogspot.com/

Vom selben Autor bereits erschienen:

„Kurztrip Israel – Israel in 4 Tagen"

Nur als ebook erhältlich

„Georgien – Entlang der Georgischen Heerstraße"

Nur als ebook erhältlich

„Sakartvelo – Mission im Unbekannten"

Als Taschenbuch (ISBN: 978-3864687112) und als ebook erhältlich